DES ÉTUDES

DE L'ARTILLERIE

DE

LOUIS-NAPOLÉON BONAPARTE,

PRÉSIDENT DE LA RÉPUBLIQUE,

PAR

ED. DE LA BARRE DUPARCQ,

Capitaine du Génie,
Professeur d'art militaire à l'École de Saint-Cyr.

PARIS,

LIBRAIRIE MILITAIRE, MARITIME ET POLYTECHNIQUE
DE J. CORRÉARD,
LIBRAIRE-ÉDITEUR ET LIBRAIRE-COMMISSIONNAIRE,
Rue Christine, 1.

1852

V

DES ÉTUDES

SUR LE PASSÉ ET L'AVENIR

DE L'ARTILLERIE.

OUVRAGES DE M. ED. DE LA BARRE DUPARCQ.

De la fortification à l'usage des gens du monde, brochure in-8° avec une planche, 1844.

Biographie et maximes de Blaise de Montluc, broch. in-8°, 1848.

Utilité d'une édition des œuvres complètes de Vauban, broch. in-8°, 1848.

Le plus grand homme de guerre, broch. in-8°, 1848.

Considérations sur l'art militaire antique, broch. in-8°, 1849.

De la création d'une bibliothèque militaire publique, broch. in-8°, 1849.

Biographie et maximes de Maurice de Saxe, broch. in-8°, 1851.

Traductions du même auteur.

1° DE L'ALLEMAND :

Principes de la grande guerre, par le prince CHARLES D'AUTRICHE, un beau volume in-folio avec 25 plans coloriés, 1851.

Histoire de la fortification permanente par A. DE ZASTROW, 2 volumes in-8° avec un atlas in-folio de 18 planches, 1849.

Esquisse historique de l'art de la fortification permanente, par le major LOUIS BLESSON, broch. in-8° avec une planche, 1849.

De la fortification et de la défense des grandes places, par le colonel prussien WITTICH, broch. in-8° avec une planche, 1847.

Description d'une épronvette portative, par le général bavarois CHARLES DE ZOLLER, broch. in-8° avec cinq planches, 1849.

2° DE L'ESPAGNOL :

Théorie analytique de la fortification permanente, par le colonel don JOSÉ HERRERA GARCIA, un vol. in-8° avec un atlas in-4° de 9 planches, 1847.

Capitaines anciens et modernes, par le général don EVARISTO SAN-MIGUEL, broch. in-8°, 1848.

Utilité d'écrire l'histoire des régiments, opuscule suivi de l'**Histoire du régiment de Jaën**, par le lieutenant-général comte de CLONARD, broch. in-8°, 1851.

Paris. — Typographie de H V. DE SURCY et Cie, rue de Sèvres, 57.

DES ÉTUDES

SUR LE PASSÉ ET L'AVENIR

DE L'ARTILLERIE

DE

LOUIS-NAPOLÉON BONAPARTE,

PRÉSIDENT DE LA RÉPUBLIQUE,

PAR

ED. DE LA BARRE DUPARCQ,

Capitaine du Génie, Professeur d'art militaire à l'École de Saint-Cyr.

PARIS,

LIBRAIRIE MILITAIRE, MARITIME ET POLYTECHNIQUE

DE J. CORRÉARD,

LIBRAIRE-ÉDITEUR ET LIBRAIRE-COMMISSIONNAIRE,

Rue Christine, 1.

1852

AVANT-PROPOS.

—

Nous nous sommes occupé de cet ouvrage (1) à deux reprises différentes et à cinq années d'intervalle ; la première fois, au mois de février 1847, dans le *Journal des Armes spéciales ;* la seconde fois au mois de février 1852, dans le *Moniteur de l'armée.* Il ne sera peut-être pas inutile, pour l'histoire de la littérature militaire, de grouper ensemble celles de nos pages qui le concernent, en les soumettant à une scrupuleuse révision, en leur donnant une plus grande étendue que ne comportait pas notre premier cadre ; tel est le but de la présente brochure.

ED. DE LA BARRE DUPARCQ.

Mai 1852.

(1) Publié par la librairie Dumaine, en 2 volumes in-4° avec planches. Prix de chaque volume : 15 fr.

I.

Coup d'œil général sur l'ouvrage.

Le premier volume, publié en 1846, expose le plan de l'auteur.

L'ouvrage doit contenir cinq tomes, dont voici les titres :

TOME PREMIER. — *Précis historique de l'influence des armes à feu sur le champ de bataille, depuis leur premier emploi jusqu'à nos jours.*

TOME DEUXIÈME. — *Précis historique de l'influence des armes à feu dans la guerre de siége, depuis leur premier emploi jusqu'à nos-jours.*

TOME TROISIÈME. — *Description technique des progrès et des modifications qu'a subis l'artillerie depuis l'invention de la poudre jusqu'à nos jours.*

Tome quatrième. — *Affûts et voitures.* — *Rechanges.*
— *Chargements.* — *Attelages.* — *Personnel.* —
Armes à feu portatives. (Il s'agit ici d'un précis
historique relatif à ces divers objets depuis leur
origine jusqu'au XIXe siècle.)

Tome cinquième. — *Considérations sur l'avenir de
l'artillerie, ou améliorations futures démontrées
comme conséquences des progrès qu'a faits l'artillerie depuis cinq cents ans.*

Dans le plan qu'il trace de son œuvre, l'auteur
donne la subdivision de chacun de ces cinq titres,
de manière qu'en le lisant on suit exactement le développement de l'idée mère qui a présidé au travail
dont nous allons rendre compte; mais, sans aucun
doute, il a suivi cette marche pour donner une notion plus précise de ce que seraient les *Études sur le
passé et l'avenir de l'artillerie* qu'on ne peut le
faire dans les indications assez vagues d'un avant-
propos, plutôt que pour se créer un programme invariable; car il n'est guère possible que pendant les
années consacrées à la rédaction et à la publication
d'un ouvrage d'aussi longue haleine, il ne se présente
pas à l'esprit de l'écrivain des modifications importantes, rationnelles et utiles, à son plan primitif.

Les titres des tomes reproduits ci-dessus dévoilent
l'intention du Prince-Président; les quatre premiers
tomes s'occupent du passé et du présent de l'artillerie, tandis que le cinquième contient des considéra-

tions sur l'avenir de cette arme, considérations dé-
duites des phases diverses de son histoire. Ainsi le
but du livre consiste à éclairer par l'histoire du
passé les progrès futurs de l'artillerie ; l'auteur veut
jalonner chacune des améliorations passées, tracer,
au moyen des jalons qu'il plante, la marche pro-
gressive de l'art, puis, en suivant le développement
logique de cette marche, indiquer sa direction fu-
ture. C'est, abstraction faite de la rigueur mathé-
matique, le procédé de tracer une courbe par points,
afin de reconnaître sa forme, sa nature, et par con-
séquent son prolongement.

Il y a dans ce procédé, outre le côté scientifique,
une marche à la fois méthodique et philosophique
qui indique un penseur ; ce n'est point d'un livre
écrit *currente calamo*, au gré de la fantaisie et du
caprice, avec de la facilité pour simple mérite,
comme on en fait tant de nos jours, dont il s'agit
ici ; c'est d'un livre sérieux, dont les parties s'en-
chaînent, dont le point de départ et le point d'arri-
vée sont connus en même temps, dont le développement et la portée ont été calculés à l'avance. Ajou-
tons qu'on y trouve unité de conception, mérite rare
qui vaut à lui seul qu'on examine si l'exécution ré-
pond au plan.

D'ailleurs, de précédents ouvrages avaient déjà
établi, avant la publication de celui-ci, la réputation
de l'auteur comme écrivain militaire. On peut citer
au premier rang le *Manuel d'artillerie à l'usage des*

officiers d'artillerie de la République helvétique, publié à Zurich en 1836, œuvre considérable, riche de détails, hérissée de chiffres et de formules, accompagnée de nombreuses planches explicatives, sagement conçue, exécutée avec talent et précédée d'un *Précis historique* remarquable et plusieurs fois reproduit depuis 1848 sous le titre d'*Histoire de l'artillerie.* Cet ouvrage se trouve épuisé, et il est très-difficile aujourd'hui de se le procurer. Il nous faut aussi rappeler la *Note sur les amorces fulminantes et sur les attelages,* et surtout les *Considérations politiques et militaires sur la Suisse,* publiées à Paris en 1833, l'un des premiers écrits du Prince, où il expose avec une grande sûreté de vues les moyens les plus propres à améliorer le système militaire de l'Helvétie, ainsi que les meilleures mesures à prendre pour défendre ce pays, eu égard à la nature particulière de son sol.

Deux motifs recommandent donc *à priori* à l'attention des personnes qui étudient et réfléchissent, l'ouvrage intitulé : *Études sur le passé et l'avenir de l'artillerie;* le plan de l'œuvre et les antécédents littéraires de l'auteur.

Ceci posé, et notre travail ainsi justifié, passons à l'examen successif des deux premiers volumes, les seuls qui aient encore paru.

II.

Premier volume.

Ce premier volume contient un précis historique
de l'influence des armes à feu sur l'art de la guerre
de 1328 à 1643, c'est-à-dire de Philippe de Valois
à Louis XIV; il a paru en 1846 et se subdivise en
quatre chapitres.

Le premier chapitre va de Philippe de Valois à
Louis XI.

On y trouve d'abord des détails sur la composition
des armées à l'époque de la première apparition des
armes à feu. Les hommes d'armes se couvraient de
fer suivant leurs ressources pécuniaires, de sorte

que l'armure des personnes riches était la plus complète : ceci est tellement vrai que sous le règne de Charles VII, d'après la *Chronique de la Pucelle*, des gentilshommes allèrent en guerre comme archers ou courtillers, faute de posséder de quoi s'armer et se monter en chevaliers. Les lansquenets n'étaient pas non plus toujours assez riches pour avoir tout ce qui leur était nécessaire à la guerre ; car Paul Jove rapporte qu'en l'année 1525, chargés par le marquis de Pescaire d'exécuter une camisade, ils se firent des chemises en papier blanc, faute d'en avoir de réelles.

L'auteur nous montre ensuite les armées de ce temps et insiste sur leur armement. Le front des armées en bataille offrait alors très-peu d'étendue ; ainsi à Bouvines (1214), ce front ne montait qu'à mille quarante pas, malgré le nombreux effectif des deux partis ; M. *Lebon*, dans un Mémoire publié en 1835, à Paris, sur cette bataille, révoque en doute cette étendue minime du front de la bataille, mais elle paraît cadrer avec les habitudes militaires de cette période. Remarquons, en passant, quelle énorme différence il existe entre les fronts des armées en bataille du XIIIe siècle et ceux du XIXe siècle, puisqu'à la célèbre bataille d'Austerlitz (1805), le front de l'armée française rangée en bataille occupait du mamelon nommé le Santon, point d'appui de notre aile gauche, au village de Telnitz, point d'appui de notre aile droite, un espace de 8 kilomètres ; et cependant

la force de notre armée dans cette bataille était
moindre qu'à Bouvines (1).

Avant l'emploi de la poudre il existait déjà une
artillerie et des artilleurs : la première comprenait,
et les seconds fabriquaient toutes les armes et machines de jet. On employait en rase campagne des
trébuchets et des arbalètes à tour, appelées *esprin-
goles*, dont les Français avaient déjà trois en batterie
sur leur front à la bataille de Mons-en-Puelle (1304).

Les chevaliers faisaient alors très-peu de cas de
l'infanterie ; ce mépris se prononçait plus en France
qu'en Allemagne. Personne ne songeait aux fantassins, qui, mal armés, mal organisés, servaient à peu
de chose et jouaient plutôt le rôle de pionniers que
de combattants. Plusieurs citations habilement ex-
traites et choisies, soit dans les chroniques, soit dans
divers manuscrits, prouvent ce fait et l'établissent
d'une manière incontestable. Mais la meilleure
preuve consiste dans ces paroles jetées en guise d'ordre pendant la bataille de Crécy (1346) par le roi
Philippe de Valois à ses gendarmes : « Or, tôt tuez
toute cette ribaudaille qui nous empêche la voie sans
raison ; » propos insensé qui résume l'opinion de la
chevalerie française sur l'inutilité de l'infanterie.
Pareil exemple s'était déjà produit en 1302 à la ba-

---

(1) Cette force montait à 100,000 hommes à Bouvines, et à 70,000
hommes à Austerlitz.

taille de Courtrai, et il résulte du dire de plusieurs auteurs de l'époque qu'il y avait au fond du dédain des gendarmes un peu de jalousie contre les vilains, qui pouvaient par leur courage leur emporter une part d'honneur. On sait au reste comment les hommes d'armes français furent récompensés, tant à Courtrai qu'à Crécy, d'avoir étouffé et massacré leurs arbalétriers et leurs piquenaires ; ils essuyèrent une mémorable défaite. Je préfère cent fois ce trait d'un général français (1) qui, à la bataille de Ligny (1815), voyant sa division, saisie d'une terreur panique, se mettre à la débandade, et sentant l'importance de cette journée, fit tourner et tirer contre les fuyards quelques-uns de ses canons, les contraignit ainsi à retourner à l'ennemi, et par cet acte de vigueur, qui dénote une grande rapidité de décision, ramena le succès sous nos drapeaux.

Dans le XIVᵉ siècle, les Anglais obtinrent sur nous la victoire ; au point de vue de l'art militaire, il semble donc intéressant de voir quelle était leur organisation, leurs habitudes guerrières, et de comparer cette organisation et ces habitudes aux usages français. Le Prince-Président n'a pas manqué d'établir cette comparaison, et voici les points principaux sur lesquels il insiste.

Les nobles Anglais ne dédaignaient pas la *pié-*

----

(1) Le général Lefol; trait peu connu.

taille (nom par lequel on désignait en France l'infanterie), et ils tenaient à honneur de combattre à
sa tête; souvent aussi ils combattaient eux-mêmes à
pied. Les archers anglais se trouvaient alors fort su-
périeurs aux arbalétriers génois que la France enrô-
lait; ils formaient une troupe légère, portant comme
armes défensives un bassinet, une jacque et un bou-
clier circulaire, et ayant pour armes offensives l'arc,
machine meilleure que l'arbalète, moins pesante et
se prêtant à un tir plus rapide. Ces arcs portaient à
200 mètres, et lançaient entre des mains exercées dix
à douze flèches par minute, tandis que pendant ce
temps l'arbalète n'en faisait partir que deux ou trois.
Cette supériorité des archers anglais fut l'une des
causes de nos revers à Crécy et à Poitiers, batailles
dans lesquelles, suivant une expression du temps, leurs
flèches tombaient *dru comme neige*. Ici l'auteur des
Études sur le passé et l'avenir de l'artillerie présente
une remarque qui démontre combien les moindres
détails de l'histoire de l'artillerie lui sont familiers;
empruntons son texte. « Plusieurs écrivains modernes, dit-il, ne comprennent pas pourquoi, à Crécy,
la pluie qui survint détendit les cordes des arcs des
troupes auxiliaires françaises sans nuire aux archers
anglais, et M. *Michelet*, dans son intéressante
Histoire de France, demande à cette occasion : *Pourquoi les Génois ne cachèrent-ils par leurs arcs sous
leurs chaperons comme le firent les Anglais?* D'abord
le chaperon était une coiffure sous laquelle il eût été

difficile de cacher autre chose que la tête; mais la raison péremptoire, c'est que ces Génois n'étaient pas armés d'arcs dont la corde pût facilement s'ôter, mais d'*arbalètes* dont la corde était invariablement fixée; armes trop volumineuses pour pouvoir être garanties de la pluie. »

Plusieurs pages du livre que nous analysons indiquent comment il survint dans les XIVe et XVe siècles que la chevalerie se fit infanterie; 16 batailles sont rappelées; le nom de chacune d'elles se trouve accompagné de notes pleines d'érudition et extrêmement curieuses pour l'histoire militaire du moyen âge. Nous recommandons ces pages au lecteur; il y verra qu'en mettant pied à terre pour combattre, les chevaliers raccourcissaient leurs lances, ôtaient leurs éperons, parcouraient une distance en plusieurs *poses* ou *reposements*. La bataille de Monteil (1369) offre une double particularité : les Espagnols et Henri de Transtamare lui-même y combattirent à pied, Duguesclin y adopta l'ordre de bataille en échelons. L'habitude de mettre pied à terre prenait au surplus difficilement parmi les gens d'armes; l'exemple de la bataille de Bulligneville (1431) atteste que pour les y contraindre, il fallut quelquefois prononcer la peine de mort contre quiconque contreviendrait à l'ordre donné à ce sujet.

Voici une autre remarque de ce chapitre que nous ne pouvons passer sous silence. Les francs archers, créés en 1448 par le roi de France Charles VII, avaient droit, pour porter leurs vêtements et leurs armes, à une charrette pour 15 soldats; ils étaient en tout 16,000, de sorte que rassemblés ils auraient traîné 1067 voitures à leur suite; c'est au reste moins que le duc de Bourgogne qui avait en 1411, pour une armée de 50,000 Flamands, 12,000 chariots, mais néanmoins c'est encore une proportion énorme. A ces deux exemples cités par l'auteur on peut joindre celui de l'armée avec laquelle le duc d'Albe envahit le Portugal en 1580, armée de 26,000 hommes qu'accompagnaient 8,000 voitures, en signalant toutefois cette double différence qu'on tenait moins au XV⁰ siècle qu'au XVIᵉ à faire des marches rapides, et qu'au XV⁰ siècle les voitures avaient un but d'utilité en servant de retranchements de campagne; on sait qu'à cette époque le retranchement de chariot fut employé avec succès par le chef des Hussites, Jean Zisca, d'où le nom de *Tabor* sous lequel il est encore connu. Vauban appréciait le Tabor et s'étonnait qu'i fût inusité en France.

Le chapitre premier se termine par des détails sur la première artillerie à feu de bataille. Cette fin montre, contrairement à l'opinion de plusieurs écrivains, qu'il y avait des canons dans les rangs anglais à la bataille de Crécy, et prouve par des citations que les relations de bataille du XIVᵉ siècle font mention de canons. Ces premiers canons se composaient chacun d'un petit tube lançant des balles de plomb ou des carreaux. On les plaçait au nombre de deux, trois ou quatre, sur un train à deux roues, garni d'un mantelet et armé extérieurement de fers de lance. Cette voiture se nommait *ribaudequin*. A la fin du XIV° siècle, les armes à feu avaient la vogue; aussi en fabriquait-on de toute espèce de formes et de calibres, et leur faisait-on lancer toutes sortes de projectiles. Dans les batailles, l'artillerie reste peu efficace au commencement du XV° siècle; à la bataille d'Azincourt (1415) elle ne fait même qu'embarrasser la noblesse française: son influence ne devient décisive en rase campagne que vers le milieu du même siècle.

Ce chapitre offre un puissant intérêt au lecteur, surtout au lecteur instruit (et c'est là un rare mérite), à cause de son fond réel de science, de sa forme lucide, de ses aperçus neufs et ingénieux qui captivent et entraînent à une lecture rapide. On aime à y trouver des rectifications historiques présentées d'une manière piquante, par exemple celle relative à Jean Bureau. Chacun connaît le nom des frères Bureau qui dirigèrent avec habileté l'artillerie française sous le règne de Charles VII; Jean Bureau devint en 1443 trésorier de France. Un historien moderne observe à ce sujet qu'un trésorier, homme de robe, quitta la plume pour diriger l'artillerie, « montrant par cette remarquable transformation qu'un bon esprit peut s'appliquer à tout. » Or Jean Bureau débuta par être artilleur (1) avant d'être élevé au poste de trésorier de

______

(1) Malgré le dire de tous les historiens, Jean Bureau n'a jamais reçu le titre de maître de l'artillerie.

France. « Ainsi donc, ajoute le Prince, si cet exemple prouve quelque chose, ce n'est pas qu'un financier puisse faire un bon artilleur, mais, au contraire, qu'un artilleur peut faire quelquefois un bon financier.»

Pour donner une idée complète de ce chapitre, reproduisons les deux alinéas qui le résument.

« Jusqu'en 1346, l'homme d'armes à cheval règne en maître sur le champ de bataille. C'est à peine si des retranchements peuvent opposer un obstacle à l'impulsion de ces hommes de fer qui s'avancent au galop ; mais les masses d'archers arrêtent court cette fougueuse cavalerie ; elle met pied à terre, se réunit en bataillons profonds, afin de compenser, par l'accroissement de la masse, ce que son choc a perdu de vitesse. Enfin l'artillerie à feu fait adopter la guerre de position, qui oppose à une valeur téméraire la prudence et la réflexion. Cependant la guerre n'est pas encore une science et les éléments qui composent les armées ne se sont pas encore développés.

« L'infanterie compacte et solide n'existe nulle part, ou plutôt, si elle existe en Allemagne et en Suisse, les avantages qu'elle procure ne se sont point encore révélés à tous les yeux. La cavalerie se chargeant de tous les rôles du soldat, n'en remplit aucun parfaitement bien, et l'artillerie n'est encore qu'un accessoire. »

Passons à l'examen du second chapitre qui embrasse la période comprise entre Louis XI et François Ier (1461 à 1515).

Les deux célèbres adversaires qui ouvrent cette pé-. riode perfectionnèrent l'artillerie. Louis XI fit fondre les pièces nommées les douze pairs ; il eut des bombardes lançant des boulets de fer du poids de 500 livres. Charles le Téméraire n'eut que des bombardes de plus faible calibre, mais il réunit devant Neuss (1475) environ 200 pièces d'artillerie, bombardes, courtaux, ou serpentines ; 200 canonniers suffisaient pour ces 200 pièces, parce qu'à cette époque on comptait par bouche à feu un seul canonnier sans les pionniers. L'artillerie bourguignonne se trouvait en progrès, mais son tir res'ait très-irrégulier à cause du défaut de cylindricité de l'âme et de la défectuosité des procédés de pointage. Charles le Téméraire ne sut jamais dans les batailles en faire bon usage. Ainsi à Granson, il la posta de telle sorte que les Suisses, en avançant, se trouvèrent bientôt au-dessous de la trajectoire des boulets, qui passaient au-dessus de leur tête sans leur faire de mal. Le même effet se reproduisit aux batailles de Morat et de Nancy. A cette dernière bataille, l'artillerie du duc de Bourgogne ne tua qu'un seul homme, le nommé Bolat, dont les chroniques de Lorraine semblent avoir reproduit le nom pour prouver que la force sans direction habile devient insuffisante.

Chacun connaît les efforts fructueux des Suisses de cette période pour réhabiliter l'infanterie, et sait qu'ils se rangeaient en gros bataillons carrés pleins, composés dans des proportions variables de piquiers,

de hallebardiers et de coulevriniers : entre leurs bataillons ils plaçaient des pièces de petit calibre, et pour
combattre l'artillerie de leurs adversaires, essuyaient
tranquillement la première décharge, couraient aus-
sitôt après sur les pièces, s'en emparaient et les retour-
naient contre l'ennemi, manœuvre audacieuse que
la lenteur du tir de ce temps permettait ; mais on sait
moins que le bouillant Charles le Téméraire, dénué
de ce sage esprit d'innovation qui façonne les procédés de combat d'après le caractère et les usages de ses
adversaires, possédait cependant l'esprit de détail et
s'entendait l'administration des armées. « Il orga-
nisa le premier, remarque l'auteur, cette espèce de
comptabilité qui, se développant toujours de plus en
plus, a fait dire à l'empéreur Napoléon, qu'on n'aurait pas de véritable armée, tant qu'on ne mettrait
pas en fuite toute cette effroyable administration *pape-
rassière* qui l'encombre. Charles le Téméraire obli-
geait tous les chefs de ses hommes d'armes à savoir compter et écrire, ce qui était alors un ana-
chronisme. Toutefois ses soldats furent-ils trois fois
mis en déroute par des hommes qui certàinement ne
savaient pas lire. »
Une singularité de l'organisation militaire due à
Charles le Téméraire, c'est qu'au lieu de ranger son
armée en bataille sur trois lignes, il la dispose sur
huit lignes ; une lettre de l'ambassadeur milanais,
Panicharola, a conservé cet ordre profond tel qu'il
résulte d'un règlement bourguignon du mois de mai

1476 ; dans presque toutes les lignes l'infanterie occupe le centre, tandis que les lances et les archers se trouvent placés sur les ailes. Certes, cet ordre de bataille, imité des formations du temps des croisades, offre le grave inconvénient de faire dépendre la défaite des dernières lignes de la défaite des premières ; mais l'on trouve dans l'ordre de marche réglé par le duc de Bourgogne, — ordre sur deux ou trois colonnes, suivant la nature du pays, — de véritables connaissances tactiques qui, jointes à son talent administratif déjà signalé, montrent que ce prince n'était pas un homme nul comme quelques écrivains se sont plu à le représenter.

A cette époque, l'infanterie armée de la pique, et la chevalerie munie d'une arme à feu (hacquebute, pistole ou pistolet), adoptent l'une et l'autre l'ordre profond qui rend plus sûrs et plus complets les effets destructeurs des canons ; cette ordonnance épaisse durera jusqu'à ce que les progrès de l'artillerie forcent les troupes à abandonner une profondeur superflue pour étendre leur front.

C'est de Charles VIII que date la fondation définitive de notre artillerie. Sous son règne il n'existe plus de bombardes ; toutes les pièces sont en bronze et lancent des boulets de fer ; les affûts servent à porter les pièces de tous les calibres *pour le tir comme pour le transport*. Ces affûts, façonnés en bois d'orme, se rapportent exactement à ceux de l'artillerie des rois Henri II et Henri IV ; les faucons,

afin de tirer plus rapidement, portent des coffrets
sur leurs affûts; les roues sont *écuées*, et des boîtes
en bronze garnissent les moyeux des grosses pièces.
A la tête du personnel de l'artillerie on voit un
grand maître, un lieutenant du grand maître et un
contrôleur général. La bande forme l'unité tactique et administrative de l'artillerie, se compose de
400 à 1,000 chevaux et obéit à un commissaire.
Dans les emplois inférieurs, on distingue les canonniers ordinaires et extraordinaires, les bombardiers,
les boute-feux, les chargeurs et déchargeurs, les ouvriers. Les canonniers ordinaires jouissent d'une
grande estime, puisque Charles VIII donne en
1489 à plusieurs d'entre eux des hocquetons bro-
dés valant chacun 18 livres tournois, prix considérable pour l'époque. Dès 1488, l'artillerie française
produit de bons effets sur le champ de bataille;
ainsi à la bataille de Saint-Aubin-du-Cormier contre le duc de Bretagne, nos canons, postés de manière à tirer d'écharpe, ouvrent de grandes trouées
dans les rangs des Anglais et des Allemands.

C'est surtout dans l'expédition de Naples que l'artillerie de Charles VIII mérite d'être étudiée. Tous
les écrivains, qui ont traité de cette invasion,
ont considérablement exagéré le nombre des canons
qui accompagnaient l'armée française, forte de
30,000 hommes; le prince Louis-Napoléon consa-
cre plusieurs pages à réfuter l'erreur générale à ce
sujet. Au moyen d'une discussion approfondie et sa-

vante, qui s'appuie sur des textes nombreux, il démontre que ce nombre n'a jamais pu monter à 6,000, et qu'il fut réellement de 140. Des fautes de copistes, et surtout une défectueuse interprétation, ont trompé les historiens. Ainsi, pour préciser nos indications, Robert Gaguin, auteur contemporain, rapporte qu'il y avait dans l'armée française 6,200 *vastadeurs*. Ce mot *vastadeurs* dérive de l'italien *guastatore*, mais il ne signifie pas *bouche à feu*, comme penche à le croire M. *Carlo Promis*, l'éditeur érudit du bel ouvrage de *Francesco di Giorgio*, ni *pièce bâtarde*, ainsi que le prétend le général *Bardin*, il veut dire *pionnier, sapeur*. Notre armée comprenait donc 6,200 pionniers, destinés à ouvrir les chemins à l'artillerie, ce qui n'a plus rien d'extraordinaire. Les auteurs qui ont commis la grosse erreur de donner à la fin du XV⁰ siècle 6,000 canons à une armée française, par exemple MM. *Philippe de Ségur, Rocquancourt, Brunet*, avaient sans doute négligé le témoignage de *Varillas* au livre III de son *Histoire de Charles VIII*, car ce compilateur médiocre, que ne citent pas les *Études sur le passé et l'avenir de l'artillerie*, reste ici dans le vrai en indiquant le nombre de 140 grosses pièces; je cite le passage en entier : « Charles VIII avait *cent quarante grosses bombardes*, c'est-à-dire des pièces qui jetaient des boulets de deux et trois cents livres pesant, et trois fois autant de petits canons. Il avait huit mille chevaux destinés à traîner cette artillerie, quatre mille chartiers, douze cents canonniers, deux mille six cents charpentiers pour raccommoder les affûts à mesure qu'ils se rompaient, trois cents sapeurs, et autant d'ouvriers pour travailler à la fonte (1). »

Dans l'expédition de Naples, l'efficacité de l'artillerie se montra surtout contre les forteresses ; cette arme ne fut pas appelée à jouer un grand rôle sur le champ de bataille. A la bataille de Fornoue, l'artillerie française bien postée aurait produit de grands effets, si, au lieu de diriger son feu contre l'artillerie ennemie, elle eût tiré contre l'infanterie et la cavalerie. C'est aussi à cette invasion qu'il faut rapporter l'origine et l'attachement des troupes françaises pour leurs canons.

On a souvent blâmé Charles VIII d'avoir entrepris la conquête de Naples ; son expédition a été jugée imprudente, mal conçue, exécutée sans réflexion. Ces appréciations sont injustes, comme le démontre le Prince-Président. Ainsi, avant de pénétrer en Italie, le roi de France étudie la Péninsule, s'assure de la neutralité de Venise, de Florence, de Rome, se fait des alliés de la Savoie, de Gênes, du duc de Ferrare, conclut la paix avec l'Angleterre, l'Espagne, l'Allemagne ; les peuples italiens l'appellent de leurs vœux ; outre l'armée qu'il commande, il

____

(1) Édition de 1691, in-12, page 252.

réunit 10,000 hommes à Gênes sous les ordres du
duc d'Orléans pour agir sur la côte au moyen d'une
flotte ; à mesure de ses progrès, il couvre ses flancs
et assure ses derrières par des détachements et des
garnisons laissés dans les postes importants dont il a
soin de se rendre maître ; sa flotte a mission de lon-
ger la côte occidentale de l'Italie pour approvision-
ner les troupes envahissantes ; après s'être emparé
de toute la côte depuis Gênes jusqu'à Gaëte, il marche sur Naples par les montagnes et tourne par la
gauche l'armée formidable de son adversaire. Ainsi
il existe un plan conçu à l'avance et habilement
exécuté ; au point de vue stratégique, cette expédition fut donc bien conduite et fait honneur aux talents militaires de Charles VIII. C'est à partir du
séjour à Naples que les Français s'oublient comme
les Carthaginois à Capoue et que la conduite politi-
que du roi conquérant devient déplorable.

Des détails sur l'artillerie de Louis XII terminent
ce second chapitre.

En 1507, dans son expédition contre Gênes, ce
monarque avait 60 pièces d'artillerie pour une
armée d'environ 20,000 hommes. Dans un engage-
ment, cette artillerie, grâce à la mobilité de ses petits calibres, put changer subitement de position et
se poster de manière à tirer d'enfilade sur la ligne
ennemie, qu'elle força à reculer ; c'est l'un des premiers exemples connus du tir d'enfilade.

Mais toutes les artilleries n'étaient pas aussi mobiles, et les troupes devaient sans cesse protéger les mouvements des pièces, d'autant plus que, dans les batailles, les Suisses, ces piquiers redoutables, s'avançaient en tirailleurs sur les batteries pour les enlever. Aussi plus la tactique et la stratégie recevaient de perfectionnements, plus on reconnaissait les inconvénients de cette protection embarrassante.

Le troisième chapitre s'étend du règne de François Ier à celui de Henri IV (1515 à 1589).

Il commence par exposer des données curieuses et neuves sur l'organisation de l'infanterie, données qu'on chercherait vainement dans des histoires spéciales de cette arme. Les grands seigneurs ne tenaient plus à faire partie de l'arrière-ban, renonçant ainsi au devoir qui vivifiait leurs priviléges, et le peuple n'acquérait que difficilement l'esprit militaire : aussi des bandes aventurières et des troupes étrangères, voilà toute l'infanterie de l'époque. L'institution des francs archers de Charles VII, l'organisation légionnaire de François Ier, ne pouvaient se maintenir, malgré les efforts de l'autorité royale. « Le peuple en France, remarque à ce propos l'auteur, avait été trop opprimé pour acquérir tout à coup ce sentiment de sa dignité et de son honneur qui, à lui seul, fait les bons soldats. Les vieilles bandes, aguerries par de nombreuses campagnes, s'étaient souvent battues avec courage ; mais, en général, l'infanterie française ne sentait pas en elle cette confiance qui engendre la valeur. Chose qui aujourd'hui paraît presque incroyable, *l'infanterie française ne voulait pas se battre* si elle n'avait avec elle des lansquenets ou des Suisses. En 1536, François Ier fut obligé de casser la légion du Dauphiné à cause de son indiscipline. En 1543, 10,000 légionnaires, assemblés près de Luxembourg, se mutinèrent et retournèrent en France ; il ne resta sous les drapeaux que les capitaines et 300 hommes. Enfin à Metz, en 1557, le maréchal de Vieilleville fit tailler en pièces par sa gendarmerie et ses arquebusiers plusieurs centaines de soldats des légions qui s'étaient révoltées. »

Vient ensuite l'exposition de l'ordonnance de l'infanterie au milieu du XVIe siècle. Des écrivains ont prétendu que l'infanterie française ne se rangea jamais alors que sur dix rangs et n'adopta nullement l'ordonnance suisse ; l'assertion est fausse : l'infanterie se rangea en gros bataillons carrés, dits spécialement *carrés d'hommes*, ou en gros bataillons rectangulaires nommés *carrés de terrain*. A l'appui de cette rectification, Louis-Napoléon reproduit deux figures exhumées du manuscrit *Le miroir des armes*, par *Chantereau*, officier du Dauphin. La première donne la formation ou ordonnance d'un bataillon de 3,602 hommes : la seconde l'ordonnance d'un bataillon de 4,462 hommes ; toutes deux parlent aux yeux et sont en quelque sorte vivantes, en ce sens que chaque homme s'y trouve représenté par une lettre imprimée : les enseignes par un *A*, les hallebardiers par un *a*, les piquiers, recouverts de corselets, par un *o*, les piquiers sans armes défensives par un *p*. Le bataillon de 3,602 hommes offre 85 hommes de front sur 42 de profondeur, 376 corselets, 2,714 piquiers ordinaires, 7 enseignes, 512 hallebardiers ; le bataillon de 4,462 hommes a 65 hommes en front et 68 en profondeur, 18 enseignes, 1,572 hallebardiers, 2,552 piquiers ordinaires et 338 corselets ; d'après ces nombres la proportion des soldats recouverts d'armures variait du neuvième au treizième du nombre des piquiers. Nous engageons les officiers d'infanterie à lire attentivement et à méditer ces pages du tome premier des *Études sur le passé et l'avenir de l'artillerie ;* elles leur dévoileront une intéressante organisation de leur arme.

L'organisation de la cavalerie, à la même époque, suit ces pages. On y apprend que la cavalerie allemande, alors comme aujourd'hui, *ménageait trop ses chevaux,* et que l'origine des dragons remonte à ces 500 arquebusiers que Pierre Strozzi fit monter à cheval en 1543, aux environs de la ville de Landrecies, *afin qu'ils ne se fatiguassent pas ;* on y voit aussi que Charles-Quint ne fut pas l'inventeur des gros escadrons dont il trouva l'usage établi chez les Allemands ; mais que ce fut lui qui commença à diminuer la profondeur de ces escadrons devant lesquels avait disparu la formation *en haie*, c'est-à-dire sur un seul rang, de la gendarmerie française.

François Ier donna une organisation plus centrale

à l'artillerie et fit fondre à Paris cent grosses pièces
de bronze. Le nombre de ses calibres fut réduit à
douze, simplification importante, puisque les artilleries des autres puissances restèrent encore longtemps
compliquées : ainsi l'artillerie italienne comptait alors
26 calibres différents depuis le 3 jusqu'au 250. Ce
monarque créa sur le territoire de la France quatorze
arsenaux destinés à la fabrication, aux approvision-
nements et à la conservation du matériel de l'artillerie.

Les batailles du XVI⁰ siècle sont fécondes en ensei-
gnements pour l'histoire de l'artillerie ; l'auteur décrit les principales avec une netteté qui n'appartient
qu'aux écrivains entièrement maîtres de leur sujet
par des études approfondies, par des réflexions pro-
fondes, par des rapprochements et des comparaisons
habiles. Il nous parle d'abord de la bataille de Marignan où l'artillerie, après avoir protégé notre centre contre les tentatives des Suisses, change rapidement de position et vient soit flanquer nos colonnes
d'attaque, soit combattre avec notre cavalerie; ce n'est
déjà plus la lourde artillerie des périodes précédentes.
« Charles le Téméraire, dit-il en terminant ses obser-
vations sur cette action célèbre, vient d'être vengé ;
le canon a triomphé des gros bataillons de Granson
et de Morat ; le fameux et antique cor d'Uri qui avait
retenti d'une manière si terrible aux oreilles des Bour-
guignons à Nancy, s'est même perdu dans la mêlée.
Cette bataille, que Trivulce appelait le combat des

géants, n'est donc pas, comme le prétend Servan, une
lutte à coups de poings; elle offre au contraire un
exemple remarquable des progrès immenses qu'avaient
faits et l'artillerie française, et l'art de ranger les troupes et de les mettre en action. » Il nous retrace ensuite, à la bataille de Pavie, François Ier, après le succès obtenu par sa droite., s'élançant à la tête de sa
gendarmerie pour surprendre l'armée espagnole *en
flagrant délit* et *masquant le tir de ses pièces* par cette
manœuvre intempestive, à laquelle presque tous les
auteurs français attribuent la perte de la bataille; mais
il est d'avis que les « mesures du roi étaient bien
prises, et que même, malgré sa précipitation, il eût
pu remporter la victoire, si, dans ce grand jour, tout
le monde avait fait son devoir. » A propos de la bataille de Cérisoles, où Blaise de Montluc commandait
toute l'arquebuserie, il réfute l'opinion commune et
erronée que la chevalerie de cette époque dédaignait
les armes à feu, et rappelle que le vaillant capitaine
gascon dont nous venons de citer le nom, non-seulement faisait grand cas de l'arquebuserie comme
ses *Commentaires* en font foi, mais excellait à en tirer
bon parti. J'aime à voir un auteur se détourner ainsi
quelquefois de la marche directe de son récit pour
rectifier, sur des points qui s'y rattachent, des erreurs
vulgaires et d'autant moins faciles à déraciner qu'elles
sont plus accréditées ; la vérité historique ne saurait
trop se répandre, et si le flambeau de la critique avait
toujours éclairé les écrivains français, notre histoire

nationale serait moins dénaturée. J'ajoute que cette rectification s'applique également à Bayard et même à Duguesclin; elle concerne non-seulement l'arquebuserie mais aussi l'artillerie, et prouve une fois de plus cette vérité, que les grands hommes reconnaissent presque toujours les avantages des innovations utiles et devancent à cet égard leur siècle.

L'organisation militaire de la France et les progrès des différentes armes pendant les guerres de religion méritent une attention spéciale; la fin du chapitre III leur est consacrée. Pendant cette période la cavalerie, par suite de l'oubli des bons principes et malgré l'opinion d'hommes tels que Walhausen et Montluc, renonce en partie à l'emploi de la lance, augmente son armure, adopte une arme à feu et se range pour charger en gros escadrons; l'infanterie, suivant une marche diamétralement opposée, abandonne l'armure, délaisse la pique pour l'arquebuse et diminue sa profondeur dans le but surtout de combattre en tirailleurs; le mousquet ne se confiait qu'aux meilleurs soldats et valait une haute paie. Les armées royales furent toujours mieux pourvues de canons que les troupes huguenotes; le grand maître d'Estrées simplifia et perfectionna l'arme de l'artillerie. En 1572, Charles IX déclare par une ordonnance que la fabrication des poudres et des canons constitue un droit souverain et défend aux particuliers d'en fabriquer ou d'en vendre sans sa permission. Henri III porte en 1582 à trente le nombre des magasins ou

arsenaux d'artillerie. Les batailles des guerres de religion indiquent que le rôle de l'artillerie est loin d'être
terminé ; cette arme donne la victoire aux royalistes
dans les journées de Dreux et de Moncontour, et aux
protestants dans la journée de Coutras. Deux camps
se forment parmi les militaires. Les uns n'apercevant
que les inconvénients de la nouvelle arme, déclarent
l'artillerie utile dans l'attaque et la défense des places,
mais soutiennent qu'en rase campagne elle fait plus
de bruit que de mal ; les autres reconnaissent sa né-
cessité dans les batailles et s'efforcent d'augmenter
sa mobilité. Ces derniers devinent l'avenir, mais malgré le progrès réel des armes à feu, l'ordre profond
subsiste toujours dans l'ordonnance des troupes ; il
existera tant que les troupes ignoreront l'art de manœuvrer, tant qu'elles n'auront pas adopté le fusil,
arme de jet et de choc tout à la fois.

Le quatrième chapitre comprend une période de
54 ans, de Henri IV à Louis XIV.

On y voit Henri IV, renouvelant les édits de
Charles IX, défendre aux particuliers la fabrication
des six calibres français de Henri II, calibres qu'il
modifie à peine en adoptant le 33 livres, le 16, le 7 $\frac{1}{2}$,
le 2 $\frac{1}{2}$, le 1 et le $\frac{1}{4}$. — On y voit Sully évaluer à 30 le
nombre de pièces d'artillerie nécessaires à une armée
de 40,000 hommes, et dépenser 12 millions, somme
énorme pour l'époque, en achat d'armes, de munitions et de matières d'artillerie. C'était un approvi-
sionnement qui eût puissamment servi Henri IV lors

de son expédition d'Allemagne, projetée dans le but d'abattre la puissance de la maison d'Autriche.

L'artillerie hollandaise employait, sous Maurice de Nassau, de plus gros calibres que l'artillerie française, et était en partie servic par des compagnies de marins. Dans les combats, Maurice plaçait ordinairement quelques pièces d'artillerie en réserve. Ce prince perfectionna l'infanterie, en renonçant pour elle à la formation carrée et en adoptant pour les piquiers un ordre mince. Ses bataillons se rangeaient sur dix rangs de profondeur et offraient cinquante hommes de front ; leur effectif montait donc à 500 hommes. L'auteur ajoute que ces bataillons augmentaient aisément leur front en doublant leurs files, et qu'ils savaient passer par des conversions de l'ordre en bataille à l'ordre en colonne, et réciproquement. Ceci concorde avec la réputation de Maurice de Nassau que Walhausen, comme on le sait, appelle le *Restaurateur de l'exercice*, expression caractéristique; cette réputation était telle que, de tous les pays d'Europe, les protestants se rendaient à son camp pour y apprendre l'art de la guerre. Si ce prince a beaucoup emprunté, comme on l'a prétendu, aux guerriers français ses prédécesseurs, notamment à Henri IV, ce génie prompt et hardi qui démêlait si bien sur un champ de bataille le nœud de l'action, il a en quelque sorte rendu à la France ce qu'il lui avait dérobé par le concours des circonstances au profit de sa réputation, en formant le premier son neveu Turenne, ce général éminent dont l'Empereur Napoléon a nuancé exactement le talent, en disant qu'il est le seul chef d'armée *dont l'audace se soit accrue avec les années et l'expérience.*

Après avoir passé en revue les batailles d'Arques et d'Ivry pour indiquer la part qu'y prit l'artillerie, Louis-Napoléon compare les ordres de bataille de Henri IV et de Maurice de Nassau. Le premier conquit sa couronne avec une armée très-faible, et ne dut ses succès qu'à son courage, à sa défensive habile et à ses heureuses dispositions sur le terrain ; néanmoins ses ordres de bataille sont moins savants que ceux de Maurice. Une figure explique cette assertion ; on voit qu'en 1610, devant Juliers, l'ordre de bataille de Maurice est en échiquier, sur trois lignes, les arquebusiers dans chaque ligne étant couverts par les piquiers. L'auteur profite de cette figure pour présenter une remarque essentielle se rapportant à une opinion à laquelle j'ai fait allusion quelques lignes plus haut. « Nous croyons, dit-il, que le général Lamarque et M. Rocquancourt se trompent quand ils désignent Henri IV comme le créateur d'une nouvelle tactique, et disent que le prince Maurice ne fut *point novateur en fait d'ordres de bataille,* soutenant que ses dispositions ne variaient pas de celles qu'on avait prises en France, à Jarnac et à Moncontour. D'après ce que nous avons démontré, il nous semble qu'elles en variaient complétement. Tandis qu'Henri IV imitait à Coutras, à Arques, à Ivry, l'ordonnance des troupes à Marignan, à Cerisolles, à Jarnac, à Dreux, le prince Maurice de Nassau posait les bases d'une tactique dont Gustave-Adolphe rehaussa les avantages, et qui servit de modèle à tous les grands capitaines du XVIIe siècle. Le héros français est assez riche de sa propre gloire, sans qu'on cherche à le parer de celle d'autrui : et le patriotisme ne doit point influencer le jugement de l'histoire. »

Le quatrième chapitre contient encore une partie attachante, celle qui traite de Gustave-Adolphe. Ce monarque perfectionna les armes à feu portatives, et, rejetant le mousquet pesant des Impériaux qui se chargeait en 94 temps, adopta un mousquet assez léger pour se tirer sans fourchette, c'est-à-dire pour se coucher en joue à pleine main ; il allégea aussi l'artillerie, en accéléra beaucoup le tir et sut en faire un judicieux emploi, surtout au passage du Lech et à la bataille de Leipzig ; voilà plusieurs raisons pour que ces campagnes fussent soigneusement examinées dans des *Études sur l'artillerie*. En outre, c'est le premier guerrier qui pressent la grande guerre, qui sait triompher des obstacles et du nombre de ses adversaires par une organisation rationnelle découlant d'une instruction théorique et pratique, telle que le génie peut seul en acquérir une ; c'est un général qui abandonne la routine et adopte une tactique et une stratégie nouvelles, meilleures, pour devenir supérieur à ses ennemis ; c'est en un mot l'homme de guerre moderne qui devine le premier l'avantage de la mobilité pour la marche comme pour la manœuvre, et qui dès lors allége son infanterie, sa cavalerie, son artillerie. Gustave-Adolphe a précédé Frédéric le Grand, comme le roi de Prusse a précédé Napoléon; Gustave, Fréderic, Napoléon, trois noms qui marquent à eux seuls les époques saillantes du progrès de la mobilité des armées.

Gustave-Adolphe est le plus grand homme de guerre que jusqu'à présent l'auteur ait rencontré sous sa plume; il lui semble sympathique, il le traite en ami tout en restant impartial; il se plaît à faire ressortir sa grande figure, à exposer dans tout son jour sa stratégie comme une science familière, comme une science de prédilection, comme la science qui à la guerre prédomine toutes les autres. Je l'avoue, cette dernière partie du tome 1ᵉʳ me parait supérieurement traitée; je l'ai relue plusieurs fois, je viens de la relire encore, et j'y retrouve le *roi des neiges* plus fidèlement reproduit comme type militaire que partout ailleurs. Les trois principaux faits d'armes de cet allié de la France, de ce monarque qu'on appelait encore au XVIIIᵉ siècle, en Allemagne, *le grand roi* (1), la bataille de Leipzig (2) où il défit Tilly, et

______

(1) Consultez sur cette expression un passage remarquable du *Voyage en Allemagne*, de *Guibert*, t. 1, p. 125.

(2) Dans cette bataille, Gustave-Adolphe braqua ses canons *en tenailles*, et, grâce à cette disposition, produisit un grand carnage dans l'armée impériale; cette expression, *en tenailles*, concorde avec le texte allemand de *Chemnitz*, cité par l'auteur et se trouve dans un volume in-12 (p. 249), publié en 1632 sous ce titre : *Histoire des armes victorieuses de Gustave-Adolphe.*

par laquelle il assura pour un grand nombre d'années la prépondérance aux Suédois, — le passage du Lech, opération hardie, dans laquelle il pointa lui-même soixante coups de canon, comme pour prouver l'importance de la justesse du tir de l'artillerie, — la bataille de Lutzen où il périt et dans laquelle il obtint la victoire malgré sa mort, fait rare qui constate à lui seul sa supériorité sur ses adversaires, — sont rapportés avec une vérité qui attache. Je recommande fortement aux officiers qui s'occupent d'histoire militaire de parcourir cette partie de l'ouvrage ; il faut la connaître pour apprécier aujourd'hui convenablement le mérite des campagnes de Gustave-Adolphe.

On trouve aussi dans ce chapitre des détails historiques et techniques sur l'arme de l'artillerie pendant le règne de Louis XIII, ce monarque placé dans notre histoire entre deux rois guerriers, Henri IV son père et Louis XIV son fils.

« Sous Henri IV, remarque le Prince-Président en résumant ce quatrième chapitre, il fallait de la légèreté, de la promptitude, de l'habileté dans les mouvements des unités tactiques.

» Sous Gustave-Adolphe, il fallait, indépendamment de tout cela, de la science pour diriger simultanément l'action variée des différentes armes sur différents terrains. Jusqu'alors le canon avait rendu sur le champ de bataille la défense très-supérieure à l'attaque ; Gustave rendit à l'attaque toutes ses chances de succès, en sachant se servir des canons légers et des armes à feu.

» Le canon a décidément battu en brèche l'ordre profond et forcé les troupes à manœuvrer. »

Ici s'arrête le premier volume des *Etudes sur le passé et l'avenir de l'artillerie*. On vient de voir se dérouler dans cette analyse les nombreuses et intéressantes matières dont il traite; à travers le cours rapide de notre compte rendu, le lecteur aura sans doute remarqué qu'il émane d'un esprit habitué aux spéculations de la guerre, riche en lecture et rompu à la critique historique. Ce livre n'a pas été composé uniquement avec des matériaux français; il suffit de le feuilleter pour s'assurer, par un coup d'œil jeté sur les notes du bas des pages, que les recherches sur lesquelles il se base ont aussi été faites dans des ouvrages allemands, suédois, anglais, italiens, latins, espagnols; le recherches les plus curieuses, celles qui donnent une grande valeur à ces *Études*, proviennent en outre des manuscrits de la bibliothèque nationale et de la bibliothèque de l'Arsenal. Que l'on ne croie pas d'après cette énumération des *sources*, comme disent les Allemands (1), que l'auteur fasse étalage d'érudition; il

____

(1) On lit en tête de presque tous leurs ouvrages historiques : *Bearbeitet nach den besten Quellen*, composé d'après les meilleures sources; ou *Nach archivalischen Quellen*, d'après les sources des archives.

cite ces autorités pour donner plus de confiance en
son texte et non pour en montrer le nombre, et
il a soin de citer juste le passage nécessaire pour
éclairer l'opinion du lecteur sur les points douteux.

Ce volume abonde en documents nouveaux. En
traitant de l'histoire des armes à feu et de leur influence sur les champs de bataille, l'auteur touche à
des questions d'art et d'histoire militaires, les résout
souvent avec bonheur, les éclaircit toujours; c'est
ce côté du sujet qui nous absout d'avoir entrepris
de dire notre avis sur ce grand ouvrage, car sous
ce point de vue nous ne sortons pas de notre spé-
cialité.

Mais il nous faut ajourner notre appréciation
générale, puisque nous avons encore à rendre
compte d'un autre volume.

III.

Second volume.

Ce volume, publié en 1851, présente l'historique
de la guerre de siége depuis le commencement du
XIVe siècle jusqu'à la fin du XVIe.

Au début du XIVe siècle, l'art de l'attaque n'était
ni simple ni facile, et, pour le prouver, l'auteur
nous montre les lignes de circonvallation et de
contrevallation en usage dans un grand nombre de
siéges du moyen âge. Quelquefois les assaillants con-
struisaient, au lieu de ces lignes, autour de la place
et sur les points les mieux placés pour intercepter
les communications des assiégés, des ouvrages fer-

més prenant le nom de *bastilles*. Ces ouvrages renfermaient des camps; leur enceinte était souvent formée de hautes palissades, crénelée, et flanquée sur certaines parties de son tracé par des redans. Lorsque ces bastilles affectaient de grandes dimensions, elles devenaient de véritables châteaux en bois. Il y en avait aussi de construites en terre et en bois; mais ordinairement ces dernières n'étaient point complètement closes. L'existence de ces bastilles caractérise les siéges du moyen âge par rapport à ceux de l'âge moderne. Aujourd'hui, par les procédés d'attaque réguliers, un siége n'est guère qu'une affaire de temps, et l'assiégeant, s'il dispose d'un matériel convenable, est à peu près sûr de réussir. Il n'en était pas ainsi à cette époque. On ne pouvait, dans la plupart des cas, s'emparer d'une place qu'au moyen d'un *long siége* ou blocus; comme il n'y avait pas encore d'armées permanentes, et que ces blocus, sans durer dix ans comme les siéges de Troie et de Veies, duraient en moyenne six mois pendant les XIV\ :sup:, XV\ :sup: et XVI\ :sup: siècles, il venait des moments où les troupes bloquantes se trouvaient réduites à un faible effectif, moments pendant lesquels il leur fallait des abris protecteurs pour résister aux sorties des assiégés : les bastilles n'étaient pas autre chose.

La difficulté consistait alors à conduire des travailleurs contre les murs de la place et à les y maintenir pour faire brèche. Cette difficulté était d'autant

plus grande que les remparts dominaient beaucoup
la campagne, tandis qu'aujourd'hui ils sont presque
rasants. Jusqu'à une certaine distance, on couvrait
ces travailleurs par des rideaux mobiles en bois
nommés *mantelets*; plus près, on les couvrait au
moyen de toits roulants formant de véritables petites maisonnettes, lesquels se plaçaient quelquefois à
demeure et formaient une galerie continue. On couvrait de la même manière les machines de jet et les
canons. Pour atteindre les défenseurs placés sur le
sommet des remparts, on se servait de tours rou-
lantes à plusieurs étages, espèces de forts ambulants
qui contenaient une garnison ; ces tours s'appelaient
tantôt *chât-à-barbe*, *truie*, *fouine*, *beffroi*; Froissart
se sert de cette dernière dénomination. On employait
la mine comme un moyen sûr, malgré sa lenteur,
de pénétrer dans la place ; mais ce n'était pas une
mine faisant explosion au moyen de la poudre, c'é-
tait uniquement un conduit souterrain creusé en
terre pour s'introduire dans l'intérieur de la place,
ou bien pour excaver sous le mur d'enceinte, et
soutenir ce mur par des étais auxquels on mettait le
feu en se retirant. Contre de bonnes fortifications,
une forte garnison, une défensive énergique, ces
moyens d'attaque se trouvaient insuffisants, et un
blocus amenant une famine était souvent le seul
moyen à mettre en usage.

A cette époque, la défense avait la supériorité
sur l'attaque. L'élévation des murs continuait à for-

mer le principal obstacle, le fossé étant peu profond. La fortification coûtait moins que de nos jours, mais elle avait peu de flanquement dû à son tracé ; la défense verticale de haut en bas, par les machicoulis, remplaçait en partie ce flanquement, déjà indiqué par Vegèce et même auparavant par Vitruve. Les châteaux féodaux se distinguaient surtout par le choix judicieux de leur emplacement, qui faisait leur principale force. Souvent un ou plusieurs fossés les précédaient ; les entrées, toujours contournées, avaient pour les protéger un réduit en bois ou en maçonnerie, nommé successivement *ravelin* et *demi-lune*. La *barbacane* consistait en deux longues branches presque parallèles, terminées et jointes par une partie arrondie ; on la plaçait devant certaines portes, surtout quand il n'existait pas de fossé, afin de déterminer des rentrants. Les escarpes se trouvaient découpées en créneaux et portaient à leur sommet des machicoulis par lesquels on jetait sur l'assaillant, ainsi que par-dessus les murailles, toutes sortes de projectiles. Le défenseur employait aussi, pour éloigner son adversaire, des machines de jet, des sorties, et des fosses creusées à l'avance, puis recouvertes, dans lesquelles venaient tomber les chats et les beffrois ; il cherchait, au moyen de contre-mines, à venir s'opposer au progrès du mineur assiégeant.

Après cette description générale de l'art de l'attaque et de la défense au début du XIVᵉ siècle, l'auteur donne des détails sur les machines de jet.

Sa discussion est savante et approfondie. On admettait jusqu'à ce jour qu'au moyen âge subsistait encore l'emploi dans les siéges des machines de jet des anciens, notamment de la baliste ; cette opinion provenait d'une erreur de traduction maintes fois reproduite, même par M. Guizot. Voici en quels termes l'erreur de ce dernier écrivain se trouve relevée dans les *Etudes sur l'artillerie*.

« Comme les auteurs de la basse latinité donnèrent le nom de *balista* à l'arbalète et le nom de *balistarii* aux arbalétriers, les littérateurs modernes ont été induits en erreur par ce même nom, donné, suivant les époques, à des machines différentes ; ils ont traduit *balista* par *baliste* et *balistarii* par *balistaires*. Ainsi, dans l'histoire de Guillaume de Tyr, traduite par M. Guizot, on rencontre souvent cette erreur. Pourtant, arrivé au siége de Jérusalem, et voyant Godefroi de Bouillon prendre une arbalète (*sumptâ balistâ*) et tuer un ennemi sur les murs de Jérusalem, le bon sens lui indiquant que Godefroi ne peut pas avoir saisi une machine qui, dans la véritable acception du mot, avait au moins le volume d'une charrette de roulier, le célèbre écrivain tourne la difficulté et traduit le mot *balistâ* par fronde. »

En voyant l'un de nos plus savants et plus consciencieux auteurs tomber dans cette erreur d'interprétation, on comprend la portée du fameux dicton : *Traductores, traditores ;* mais je m'arrête, car il ne faut pas que je médise des traducteurs, et pour cause.

Ainsi, voilà la baliste détrônée du rôle qu'elle avait été pendant longtemps censée jouer au moyen âge. La machine de jet le plus fréquemment employée à cette époque s'appelle *trébuchet*; elle se mouvait au moyen d'un contrepoids. D'autres machines de ce temps, désignées par différents noms, se mettaient en mouvement à bras; mais toutes, comme le tré-buchet, étaient *à fronde*, c'est-à-dire qu'elles étaient de grandes frondes mues par un mécanisme, au lieu de l'être, comme les petites frondes, par les mains d'un seul homme: distinction essentielle, qui montre de prime abord que le trébuchet différait des catapultes et des balistes des Grecs et des Romains, dont le principe général reposait sur l'action du ressort d'une corde de nerfs se débandant après avoir été primitivement tendue au moyen d'un treuil. Ce point de vue nouveau jette de la clarté sur la question des machines de jet antérieures aux bouches à feu, machines mal connues, malgré les explications de nombreux commentateurs, tels que Juste Lipse, (1) Folard (2), Guischard (3), Joly de Maizeroy (4),

---

(1) *Poliorceticon.* — Voyez aussi les commentaires de l'édition latine de *Vegèce*, publiée à Anvers en 1585 par *Stewechius*.

(2) Commentaires sur Polybe.

(3) Dissertation sur l'attaque et la défense des places des anciens. — Mémoires sur plusieurs points d'antiquité militaire. — Consultez également les ouvrages de son adversaire *Lo-Looz*.

(4) Traité sur l'art des siéges et les machines des anciens.

M. le général Dufour (1), M. Dureau de la Malle (2).

Pour revenir au trébuchet, nous devons dire que le Prince-Président en a retrouvé, dans ses recherches sur la science de l'artillerie des temps passés, la disposition et le mécanisme. Au mois de février 1850, le ministre de la guerre donna à M. le capitaine d'artillerie Favé la mission de construire, dans le polygone de l'école de Vincennes, un trébuchet d'après les données indiquées par le prince. Dans les essais dirigés par cet officier, on lança, entre autres projectiles, avec la machine construite, une bombe de 32 centimètres, pesant 75 kilogrammes, à 70 mètres environ, et l'on remarqua que la machine se fatiguait plus en jouant à vide qu'en lançant des poids lourds. La rectitude du tir fut remarquable, car la déviation latérale des projectiles ne monta pas à 3 mètres. Le capitaine Favé, dans son rapport au ministre, émet l'avis que si les essais tentés à Vincennes ont seulement permis de lancer des projectiles de faibles dimensions, il n'est cependant pas douteux qu'en contruisant des trébuchets plus grands et en s'exerçant au tir de ces machines, on parviendrait à

----

(1) *Mémoire sur l'artillerie des anciens et sur celle du moyen âge,* Genève, 1840. M. le général *Dufour* commande en chef l'armée fédérale de la Suisse : on lui doit un bon *Cours de tactique.*

(2) Poliorcétique des anciens, 1819. — Mémoires sur la Poliorcétique des Grecs et des Romains.

réaliser les effets indiqués par les chroniqueurs. Le but principal de l'expérience consistait dans la constatation de la possibilité de lancer des masses avec une semblable machine, et ce but a été atteint.

On remplaça ces trébuchets, au commencement du XIVe siècle, par des bouches à feu de petit calibre. Vers le milieu de ce siècle, il y eut des bombardes lançant des boulets de pierre de 33 livres ; pour les garantir des feux de l'ennemi, les assaillants les plaçaient sous des abris roulants. Les boulets de pierre faisaient peu d'effet contre les murailles, car ils se brisaient sur la maçonnerie ; pour les consolider, on imagina de les entourer de deux cercles en fer placés en croix ; mais la justesse du tir fut atténuée. D'ailleurs, ces projectiles avaient un autre inconvénient qui les rendait peu redoutables : c'est que, pendant longtemps, l'imperfection des pièces ne permit de leur imprimer qu'une vitesse insuffisante pour détruire une portion des remparts et faire ainsi brèche à l'enceinte. Néanmoins, la grosse bombarde, qui avait un nom particulier, tel que *la Griese*, *la Bourgeoise*, figurait alors dans les siéges comme un personnage influent ; les assiégés connaissaient du reste déjà le moyen de la réduire au mutisme, en enfonçant, dans leurs sorties, un clou dans sa lumière. Tant qu'on fit usage de boulets de pierre, on les lança presque toujours par le tir courbe, pour leur donner plus de force. Quand on voulait faire brèche, on ne la commençait pas, comme aujourd'hui, par le bas du mur, mais bien par les créneaux. Le tir de plein fouet servait uniquement contre les portes.

L'introduction de l'artillerie à feu contribua à donner à la défense la supériorité sur l'attaque. Il suffisait, en effet, aux défenseurs d'avoir de petits calibres pour nuire à l'assiégeant, tandis que ce dernier avait la plus grande peine à traîner à sa suite des trébuchets et des bombardes. Les chefs d'armée empruntaient, dans ce but, les engins des villes voisines, et la location en était souvent fort payée, car en 1364 le duc de Bourgogne octroya aux bourgeois de Chartres le château de Camerolles pour les récompenser du prêt de leurs engins. Aussi les villes tant soit peu défendues étaient-elles imprenables. On recourut à divers expédients pour réussir dans l'attaque.

« Dans la même année (1422), rapporte l'auteur, le duc de Saxe, voulant s'emparer de la ville de Satz, essaya pour cela d'un singulier moyen. On réunit une grande quantité de pigeons et de moineaux, on leur attacha à la queue des mèches de soufre et on les lâcha contre la ville. Ces oiseaux incendiaires n'ayant point produit l'effet désiré, le duc, irrité, fit tirer en un jour soixante-dix boulets dans la ville ; ces boulets ne firent pas grand mal, car ils ne tuèrent qu'une vieille femme qui était assise dans un four. »

Ce fut au siége d'Orléans, défendu par Jeanne d'Arc

contre les Anglais (1428), que les bombardes de l'assiégeant commencèrent à lancer de plus loin des
boulets de pierre qui commirent des dégâts dans
toutes les parties de la ville. Lorsque Mahomet II
assiégea Constantinople, en 1453, la ville fut prise
avant que le canon eût fait brèche ; cependant, un
fondeur hongrois avait fondu pour le Sultan une bombarde monstre, ayant 3 mètres de circonférence et
lançant un boulet de pierre pesant 1,200 livres : il
est juste de dire que cette pièce, dont la charge du-
rait deux heures, éclata bientôt. On peut dire à ce propos qu'en thèse générale tous les engins colossaux
établis sous différents noms, à diverses époques, n'ont
jamais produit les résultats qu'on en attendait, et
qu'ils ont ordinairement coûté en argent et en peine
plus qu'ils n'ont rapporté, même comme influence
morale sur les défenseurs.

Lorsque les frères Bureau substituèrent en France
les boulets de fer aux boulets de pierre, le projectile
put avoir le même poids sous un petit volume ; la
bombarde fut allégée et son effet devint néanmoins plus
dangereux, parce que le boulet eut assez de résistance
pour pénétrer dans la maçonnerie. Cette substitution
date du milieu du XVᵉ siècle et forme sans con-
tredit, relativement à la guerre de siége, le plus important progrès de l'artillerie au Moyen Age. A la même
époque, on établit, au lieu des bastilles dont nous avons
parlé, un parc protégé par un retranchement et posté
hors de la portée du canon, au centre des travaux

d'attaque; les tranchées creusées en terre commencèrent à être employées concurremment avec les
couverts en bois; les pièces de l'assiégeant furent
garanties d'abord par des tonneaux remplis de terre,
puis par des gabions; le tir en brèche, tel que nous
l'entendons de nos jours, ne tarda pas à être essayé.
Grâce à ces progrès, grâce au judicieux emploi fait
de l'artillerie devant les places par les frères Bureau,
Charles VII put faire en un an les 60 sièges nécessaires pour la conquête de la Normandie. La grosse
artillerie acquit ainsi une grande influence morale,
de sorte que quelquefois son apparition seule intimi-
da assez les défenseurs pour les engager à se rendre.

« Disons-le donc en l'honneur de l'arme, remarque
l'auteur en terminant son premier chapitre, c'est
autant aux progrès de l'artillerie qu'à l'héroïsme de
Jeanne d'Arc que la France est redevable d'avoir
pu secouer le joug étranger de 1428 à 1450. Car,
ainsi que nous l'avons dit au commencement du
premier chapitre, la crainte que les grands avaient
du peuple, les dissensions des nobles, eussent peut-
être amené la ruine de la France, si l'artillerie,
habilement conduite, ne fût venue donner au pouvoir royal une force nouvelle, et lui fournir à la fois
le moyen de repousser les ennemis de la France et
de détruire les châteaux de ces seigneurs féodaux
qui n'avaient point de patrie. »

Le chapitre II embrasse la période comprise de
Louis XI à François Ier. On y voit que, malgré les

progrès de l'artillerie précédemment indiqués, les murs terrassés ne furent pas adoptés immédiatement, par la raison qu'avec ces murs la chute de la maçonnerie entraînait celle de la terre, et qu'une rampe, rendant la brèche plus abordable, se trouvait ainsi formée. Cette raison était plus valable à cette époque qu'aujourd'hui, parce qu'alors la défense des brèches réussissait souvent, qu'elle constituait l'acte le plus important du siége, et que l'on devait éviter tout ce qui pouvait lui nuire.

Machiavel, dans son *Art de la guerre*, place au fond du fossé, de cent en cent mètres, une *case mate*, c'est-à-dire une petite maison basse et crénelée, pour tirer sur ceux qui y descendraient. C'est là l'origine des feux flanquants et rasants, au moyen desquels on défend aujourd'hui le sol des fossés. Le même écrivain ne veut ni ouvrages avancés ni réduits, les premiers entraînant la perte de la place, les seconds nuisant au moral des troupes, qui abrégent la défense, certaines d'avoir un lieu de refuge. C'est dans ce sens qu'un auteur de la même époque fait dire à un commandant de place qu'il voudrait que son *donjon soit de plume.*

Les Français furent les premiers à construire les *arbalétrières* et les *canonnières*, ou, comme nous dirions aujourd'hui, les meurtrières et les embrasures, d'une manière rationnelle, rendant difficile l'introduction des projectiles ennemis par leur ouverture, et à les séparer par des merlons larges et gros.

Louis XI fit faire des progrès à l'artillerie, dont il comprenait l'utilité ; mais comme l'emploi de cette nouvelle arme était presque irrésistible contre les petites places, il eut soin d'ordonner par deux fois au connétable de Saint-Pol de détruire toutes les petites forteresses et de ne défendre que les grandes contre le duc de Bourgogne : ainsi l'axiome *petite place, mauvaise place,* se révélait déjà.

Bientôt on exagéra les dimensions des pièces et des projectiles, pour utiliser toute la puissance que permettait d'atteindre le perfectionnement de l'art de fondre. Ces grosses bombardes, qui portaient des noms tels que ceux-ci : le *Chien d'Orléans,* le *Doyen des Pairs,* continuaient à jouer le principal rôle et servaient à enfoncer les portes de villes.

Voici en quels termes l'auteur expose les progrès de l'artillerie de siége sous Charles VIII :

« On abandonna à peu près entièrement les bombardes et les boulets de pierre, qu'on ne lança presque plus qu'avec les mortiers. Les canons coulés en bronze et faits d'une seule pièce lancèrent tous des boulets de fonte. On parvint à donner à ces canons des tourillons assez résistants, non-seulement pour servir de points d'appui dans la marche, mais pour supporter l'effort du tir : alors les plus gros calibres même furent traînés sur affûts et non plus sur des chariots, ce qui permettait de les mettre plus promptement en batterie ; quand ils y étaient, les tourillons donnaient le moyen de faire varier l'inclinaison et de pointer avec facilité. La rapidité du tir fut beaucoup augmentée. On était parvenu à construire des affûts à rouage capables de supporter le recul de la pièce, bien qu'elle ne portât que sur trois points; ce résultat n'avait pas été atteint sans grande difficulté.

« Les innovations que nous venons de signaler sont restées jusqu'à nos jours, et l'on peut dire que malgré tous les perfectionnements apportés depuis à l'artillerie, on n'y a pas fait de changements d'une égale importance. »

Grâce à ces changements, l'attaque avait l'avantage; la défensive reprit la supériorité en employant la terre dans la construction des remparts, et en établissant dans les fossés des ouvrages assez bas pour que l'artillerie ne pût les atteindre ni faire taire leurs feux.

Viennent ensuite plusieurs pages consacrées à l'invention des mines modernes, c'est-à-dire des mines dont l'effet se trouve produit par la force d'explosion de la poudre qu'on y renferme. On admet généralement que cette invention est due à Pierre Navarre et remonte à l'année 1503 : c'est là une date certaine pour le moment à partir duquel les mines modernes ont pris une place importante dans l'art des siéges; mais avant, des essais avaient été tentés, et les historiens citent celui du siége du fort Sarzanello, en 1487. Quoi qu'il en soit, dès que l'art des mines eut réussi, l'opinion publique, frappée de ses effets,

pensa que rien ne pourrait plus dorénavant résister
à cette nouvelle manière d'employer la poudre. Les
Études sur le passé et l'avenir de l'Artillerie ne donnent aucun nouveau détail sur cette invention des
mines ; elles se bornent à reproduire une partie des
recherches consignées par M. Charles Promis dans
le cinquième mémoire historique annexé à sa belle
édition du *Traité d'architecture civile et militaire de
Francesco di Giorgio Martini*, architecte siennois
du quinzième siècle, publiée à Turin en 1841.

Le chapitre III présente l'histoire de la guerre de
siége de François Ier à Henri IV.

Au seizième siècle, il s'opéra dans l'art de fortifier
une révolution lente dont nous allons retracer les
principaux caractères :

On a beaucoup disputé pour savoir à quelle nation
revenait l'honneur de l'invention des bastions. Les
noms des inventeurs présumés ont été pendant longtemps *Achmed Pacha, Antoine Colonne, San Micheli;*
mais, depuis 1841 , M. *Charles Promis* a émis une
autre opinion à laquelle s'est rangé M. le colonel
Augoyat (1) et qui semble aujourd'hui adoptée par la
plupart des écrivains. Ce savant architecte sarde, dans
les mémoires annexés à son édition du *Traité d'ar-*

---

(1) Auteur estimé de plusieurs écrits sur la fortification, entre
autres d'une traduction libre et abrégée du travail de M. *Charles
Promis.*

chitecture de *Francesco di Giorgio*, déjà cité, mémoires rédigés sur les manuscrits militaires italiens des XVe et XVIe siècles, qui abondent dans les bibliothèques d'Italie, établit que, le premier des prétendants, Francesco di Giorgio a inventé les bastions vers l'an 1500 ; on trouve en effet des dessins de fronts bastionnés joints à un manuscrit de cet auteur évidemment écrit à la fin du XVe siècle. Une autre opinion s'est récemment produite. L'auteur du *Resumen historico del arma de ingenieros en general y de su organizacion en Espana*, excellent ouvrage rédigé, par un officier supérieur du génie espagnol, sur les papiers des archives de Simancas et des archives particulières de son corps, cet auteur, disons-nous, revendique l'invention des bastions pour l'Espagne. Il s'appuie à cet égard sur les fortifications nombreuses construites dans la première moitié du XVIe siècle par les espagnols sur la côte d'Afrique, où ils avaient des possessions, par exemple à Hone (1) en 1530, à Melilla en 1551, à la Kasbah de Bougie en 1531 : il revient plus en détail sur cette question dans divers suppléments ajoutés à son livre en 1847 et 1848, mais son argumentation ne semble point infirmer l'assertion de M. *Charles Promis*. Plusieurs autres écrits ont aussi traité dans ces derniers temps de l'in-

---

(1) Cette ville n'existe plus ; elle était située à 18 lieues au sud-ouest d'Oran.

vention des bastions, mais en parler serait sortir de notre sujet et allongerait inutilement ces pages. Ces disputes semblent en effet oiseuses à l'auteur des *Études sur le passé et l'avenir de l'artillerie;* car, selon lui, le bastion est venù insensiblement, et d'ailleurs il ne constitue pas à lui seul le tracé dit bastionné, puisque le principe de ce tracé, c'est le flanquement et que le flanquement se trouve antérieur à la fortification moderne. L'observation est juste.

On donna originairement le nom de bastions à de petits forts placés en avant et près de la muraille ; mais le véritable premier bastion attenant à l'enceinte fut une tour ayant une grande saillie sur la portion rectiligne du rempart. Ce bastion rond s'appelle *torrion* chez les Italiens, *tourrion* dans Rabelais, et *torreon* chez les Espagnols ; il se rencontre dès le commencement du XVIe siècle en Italie, et correspond à ce que plusieurs auteurs français appellent *rondelle* : sa grande saillie augmentait le feu de flanc d'une manière efficace. En 1527, on construisit à Vérone un petit bastion terminé en pointe, avec des faces et des flancs en ligne droite, et offrant deux étages de feux.

Le passage de la forme ronde à la forme polygonale s'explique facilement : on cherchait à flanquer toutes les parties de la fortification, parce que, pour dérober en les abaissant les murs aux vues de l'artillerie assiégeante, il fallait renoncer à la défense verticale de haut en bas au moyen des machicoulis ; afin d'obtenir le flanquement désiré, on adopta des lignes droites, combinées dans leur tracé de manière à donner des angles alternativement saillants et rentrants ; on remplaça les tours par des redans dont les côtés ne pouvaient être frappés qu'obliquement par les projectiles ennemis, et dont les faces droites se prêtaient mieux que les parapets arrondis d'une tour au placement de l'artillerie ; puis, pour diminuer les angles morts des parties rentrantes, on brisa les faces des rédans et l'on obtint les bastions à quatre côtés, semblables aux bastions actuels, sauf pour la direction des flancs, qui formèrent successivement avec la courtine un angle aigu, droit, puis obtus.

Ces bastions furent construits en terre et en maçonnerie : leurs murs restèrent fort épais ; on en cite, au milieu du XVIe siècle, ayant 8 mètres d'épaisseur et inclinés au 5e. Mais alors les parapets n'étaient pas encore assez larges pour y placer des pièces d'artillerie destinées à tirer dans la campagne : les parapets des bastions dont nous venons de parler n'avaient que 6 mètres de large, et ceux des courtines joignant ces bastions, 3 mètres environ. Des perfectionnements étaient nécessaires pour compléter la fortification bastionnée telle que nous l'entendons. En 1557, à Rocroy, on agrandit les bastions ; mais les courtines ne furent pas encore disposées, du moins sur toute leur longueur, pour recevoir des bouches à feu.

Le siége de Metz, soutenu par le duc de Guise contre les Impériaux, dont l'auteur rapporte tout au long la relation par Salignac, montre comment un général habile parvient à obtenir de ses troupes ce qui leur répugne. A cette époque, par suite d'un vestige de la fainéantise féodale, les soldats regardaient comme déshonorant de travailler à la terre, même pour contribuer au succès d'une action de guerre ; le duc de Guise réussit à les faire travailler, imitant ainsi la conduite tenue par Blaise de Montluc au siége de Boulogne.

Le siége de Thérouanne, en 1553, prouve que le feu grégeois était encore employé dans le XVIe siècle ; celui de Saint-Quentin, en 1557, que l'on construisait sur les courtines des traverses de défilement pour se garantir des projectiles ennemis qui les prenaient d'écharpe ou d'enfilade ; celui du fort de Guines, en 1558, que l'on savait établir une batterie de brèche sur le bord du fossé, faire un passage de fossé plein d'eau, aplanir la montée de la brèche et faire un logement sur cette brèche avant de donner l'assaut.

Le siége de Thionville, qui eut lieu la même année, donne occasion à deux remarques : la première, que cette place avait sur tout son pourtour des terre-pleins assez larges pour recevoir de l'artillerie ; la seconde, qu'à ce siége Blaise de Montluc perfectionna l'art de l'attaque, en imaginant de prolonger la tranchée tantôt à gauche, tantôt à droite, souvent des deux côtés à la fois, de manière à former des retours ou *places d'armes*, dans lesquelles on logeait des soldats destinés à soutenir les travailleurs. Le passage des *Commentaires* de cet illustre guerrier où ce perfectionnement se trouve rapporté, a été souvent cité par les auteurs militaires qui ont traité de l'art d'attaquer les places fortes.

Après avoir reproduit et commenté les relations des différents siéges dont nous venons de parler, l'auteur revient à l'histoire de la fortification au XVIᵉ siècle, et présente à son sujet des éclaircies nouvelles et intéressantes sur lesquelles nous allons nous arrêter.

Les grosses tours, les *torrioni*, prirent le nom de *puntoni* (grosses pointes) quand la forme ronde fut abandonnée, et celui de *baluardi* (boulevards) lorsqu'elles furent augmentées et terrassées. Ces boulevards conservaient, comme les anciennes tours, un certain commandement sur le reste de l'enceinte; ils étaient trop éloignés pour pouvoir se flanquer au moyen de la mousqueterie; on diminua cet inconvénient en élevant sur le milieu de la courtine un *cavalier*, c'est-à-dire une plate-forme dont l'artillerie défendait les boulevards. Pour augmenter le flanquement, on brisa la courtine; quelquefois on la traça en crémaillère; on donna à son terre-plein jusqu'à six mètres de large, afin de permettre d'y placer des canons. Pour empêcher l'assiégeant de faire brèche, *Albert Durer*, le célèbre graveur, proposa de donner à l'escarpe une inclinaison telle que les projectiles, après l'avoir choquée, fissent un bond dans une direction verticale; mais l'on se borna, dans ce but, à renforcer le mur d'escarpe par des contreforts entre lesquels on tassait les terres. Albert Durer est l'un des deux ingénieurs auxquels les Allemands attribuent les plus importants progrès de l'art de la fortification, depuis que, en opposition avec les principes de l'école française, ils ont adopté les idées fortificatrices de *Montalembert* : ses propositions méritent donc attention, puisqu'elles ont, par un événement bizarre, obtenu de nos jours chez nos voisins d'outre-Rhin une influence qu'elles n'eurent pas au XVI⁰ siècle. Le flanc du boulevard devint la partie importante : les ingénieurs le firent à deux ou trois étages, en retraite l'un sur l'autre et contenant chacun deux bouches à feu, et le couvrirent par un orillon rond ou carré. La dénomination de *bastion*, bientôt appliquée aux boulevards, se trouve souvent, lorsque le parapet est gazonné, transformée en celle plus significative de *bastion vert* que l'on rencontre dans les historiens. Les terre-pleins de ces boulevards ou bastions se faisaient en terre et en bois, les pièces de charpente ayant le double but d'amoindrir la poussée des terres et de rendre plus difficile la montée de la brèche après la chute de la muraille. Le fossé recevait des dimensions variables suivant les particularités locales ; on faisait, dit l'auteur, une cunette au milieu du fossé *pour que l'eau qui y séjournait entravât la construction des mines;* primitivement la cunette ne fut sans doute qu'une rigole d'écoulement destinée à maintenir bien sec le fond du fossé et à écarter ainsi l'humidité du pied des murs d'escarpe et de contrescarpe. Les feux des flancs, et les casemates, nommées souvent *moineaux* par les écrivains français de cette époque, défendaient le fossé : il faut entendre ce mot casemate dans le sens de petits corps de garde en maçonnerie, ne dépassant pas en hauteur la profondeur du fossé, et non dans le sens qu'il a aujourd'hui. Un *chemin couvert* destiné à faciliter les sorties surmontait le mur de contrescarpe ; le glacis formait le parapet de ce chemin, dont le talus intérieur construit en maçonnerie dépassait un peu le glacis pour mieux abriter le défenseur : ce talus maçonné avait des créneaux. « Cette circonstance, remarque judicieusement l'auteur, montre bien que l'emploi de l'artillerie dans les siéges était encore fort loin de ce qu'il est aujourd'hui : car l'existence d'un pareil mur rendrait maintenant le chemin couvert inhabitable aux défenseurs. »

La partie de l'ouvrage analysée dans l'alinéa précédent mérite l'attention des ingénieurs militaires par l'agencement habile des idées, la clarté de la rédaction et le jour nouveau sous lequel les faits sont présentés. Indiquons maintenant ce que contient la fin du volume.

Pendant les guerres de religion des dernières années du XVI⁰ siècle, l'art de l'attaque fit peu de progrès en France, les assiégeants n'ayant pas en général assez d'artillerie pour procéder à une attaque régulière ; mais l'art de la défense s'améliora et les

défenses de cette époque se signalèrent par une grande
opiniâtreté, témoin celle de la Rochelle en 1573. Le
duc d'Anjou, depuis Henri III, chargé d'attaquer
cette ville, avait à sa disposition le matériel nécessaire : dix maréchaux de France l'assistaient de leurs
conseils et cependant, quoique l'enceinte fût telle
qu'elle résisterait à peine aujourd'hui à un coup de
main, le siége dura six mois et les royalistes ne pu-
rent entrer dans la place. L'auteur attribue en partie
ce résultat aux retranchements construits par les assiégés derrière les brèches, aux casemates des fossés
que les assiégeants ne savaient pas attaquer, à la
guerre de mines encore dans l'enfance dont le défenseur sut toujours se garantir ; il eût pu ajouter
comme élément de succès que la place avait été mise
en état de défense, et défendue pendant la première
moitié du siége, par *François de La Noue*, surnommé
Bras-de-fer, l'un des meilleurs capitaines français
du XVI⁰ siècle, estimé de la cour, quoique protes-
tant, pour son caractère et pour ses talents militaires. L'invention du pétard pour enfoncer les portes
de villes, remonte aussi au temps des guerres de
religion : la prise de Cahors par Henri IV en présente un curieux exemple ; il fut nécessaire, pour
permettre aux hommes de passer, d'élargir à coups
de hache les trous produits par le jeu des pétards.

Parmi les opinions de Vigenère, écrivain du XVI⁰
siècle, que cite l'auteur, on remarque celle de donner aux tranchées la forme d'un Z, qui explique bien

le tracé le plus avantageux à suivre dans leur construction. Quant à La Noue, il demande dans ses *Discours politiques et militaires* que les bastions soient détachés des courtines, les remparts en terre et moyennement élevés, les fossés pleins d'eau, et la place garnie de retranchements intérieurs : cet avis montre que ce grand capitaine avait guerroyé dans les terrains marécageux des Pays-Bas, et que, influencé par les fortifications particulières au sol de ces pays, il voulait les introduire en France, n'admettant pas ce principe, base de l'art de fortifier, que le système de fortification doit être différent en terrain sec de ce qu'il est en terrain aquatique.

A la fin des guerres civiles de la France, les Italiens avaient encore par leurs écrits le plus d'autorité dans l'art des siéges qu'ils commençaient à démontrer en s'appuyant sur la géométrie et en représentant les ouvrages non plus en perspective, mais bien par projection, comme le témoigne l'ouvrage de *Lorini*, publié en 1597. Cet ingénieur donne un seul étage de feux à son flanc pour ne pas rétrécir la gorge du bastion, rapporte, comme *Daniel Speckle*, d'intéressants détails sur le siége de Famagouste en 1590, et indique les précautions à prendre dans l'emploi des feux d'artifice pour la défense des brèches, afin de ne pas nuire aux défenseurs plus qu'aux assaillants, ainsi que cela avait quelquefois lieu.

Le chapitre IV embrasse la période de Henri IV à Louis XIV.

On y voit d'abord que les historiens ont fait erreur
en assignant au siége de Rouen, en 1591, la date de
l'invention des *lignes de contre-approche*, espèce de
tranchées que, dans certains cas, les assiégés con-
duisent à la rencontre des boyaux des assiégeants,
pour les prendre à leur extrémité et en flanc ; M. de
Villars mit seulement en état de défense, à ce siége,
un ancien fort presque détruit. L'auteur remarque,
à propos de ce siége, qu'il était plus difficile qu'aujourd'hui de garder les tranchées, parce qu'une partie seulement des fantassins portant des armes à
feu, les soldats de l'assiégé, munis d'armes défensives, pouvaient arriver sans grand danger jusqu'à la
tranchée.

On y voit ensuite Sully, au siége de Dreux, employer habilement la mine et faire murer la cham-
bre où il place les poudres pour faire sauter la *Tour-
Grise*. Le siége de Steenwicq montre toute la
résistance que peuvent opposer des fortifications en
terre, construites comme on les élevait à cette époque. Le bon marché de ces fortifications en terre
permit de multiplier, dans chaque place, les ouvrages extérieurs, et aussi de construire un grand nombre de places fortes, ce qui fut très-utile aux Pro-
vinces-Unies pour empêcher les Espagnols de saccager
les villes nombreuses et rapprochées de leur petit
territoire. Les Hollandais étaient aussi embarrassés
pour attaquer les places occupées par leurs ennemis,
parce que, faute de troupes, ils ne pouvaient avoir

à la fois une armée de siége et une armée d'observation : Maurice de Nassau remplaça cette dernière par des lignes fortifiées que ses adversaires n'osèrent pas toujours attaquer. L'ingénieur *Marolois* nous apprend que Maurice avait habitué ses soldats à exécuter eux-mêmes ces lignes, moyennant un supplément de solde; et ce qu'il y a de curieux, c'est que les soldats espagnols ne voulurent pas se plier à de semblables travaux quand le marquis de Spinola imita, pour assiéger les places, les méthodes du prince néerlandais. Au reste, ce fut Spinola qui le premier prouva, au siége d'Ostende, l'avantage des approches pied à pied, et amena ainsi dans l'art des siéges une innovation importante dont Vauban sut tirer bon parti.

Sully, devenu grand-maître de l'artillerie, rédigea une *Instruction* spéciale sur cette arme, dont il augmenta rapidement le matériel au point d'employer, au début du XVIIᵉ siècle, cinquante pièces de gros calibre contre le château de Montmeillan ; dans cette Instruction, le célèbre ministre de Henri IV recommande, comme *Diego Ufano*, de battre l'enceinte d'une grande place par la courtine, pour éviter les retranchements. Ce Diego Ufano est un écrivain espagnol dont le *Traité d'Artillerie* jouit d'une certaine réputation : il est le premier des hommes de guerre pratiques qui ait attaché de l'importance à l'emploi des mortiers, pour lesquels il propose même le tir à boulets rouges. Relativement aux mortiers, il n'est pas inutile de savoir qu'originairement les bombes se désignaient par le nom de grenades, et que la distinction actuelle, quant aux sens de ces deux mots, n'est venue que postérieurement ; sans cette remarque, on peut se tromper à la lecture des relations de faits de guerre du XVIe siècle.

Si les assiégés élevaient fréquemment des ouvrages intérieurs pendant le siége, pour résister après l'ouverture de la brèche, il faut aussi insister sur ce fait qu'au commencement du XVIIe siècle les assiégeants plaçaient leurs batteries dans des ouvrages fermés, parce que l'infanterie armée de piques se trouvait insuffisante pour les protéger contre les sorties des défenseurs.

Sous Louis XIII, on s'aperçut que les opérations des siéges demandent plus de patience, plus d'habileté que d'énergie ; cependant l'exagération donnée à la construction des lignes ayant fait traîner quelques siéges en longueur, l'attaque méthodique tomba momentanément en discrédit, et le ministre de la guerre de France recommanda les attaques brusquées, disant qu'une grande armée ne doit pas s'emparer d'une seule ville dans une campagne, mais bien *conquérir des provinces entières en un été* : on croirait presque entendre Napoléon dicter ses instructions à Berthier.

Le traité de l'ingénieur italien Floriani, publié en 1630, décrit les procédés d'attaque et mentionne les *blindes* et les *gabions* pour couvrir les travailleurs. Le même écrivain recommande l'emploi des tranchées de contre-approche.

Parmi les principes du chevalier Antoine de Ville, cet ingénieur français qui disait que pour fortifier une place il fallait *fermer les yeux et ouvrir la bourse,* on remarque celui de ne donner au parapet du corps de place que 4 pieds de hauteur au-dessus du terre-plein, afin que le canon puisse tirer par-dessus sans embrasure, opinion, ajoute l'auteur des *Études sur le passé et l'avenir de l'artillerie,* qui, aujourd'hui encore, pourrait mériter d'être examinée mûrement. De Ville prescrit, lorsque le chemin couvert est commandé par le terrain environnant, d'en tailler le parapet à redans ou d'établir des traverses sur le terre-plein, travail qui, selon lui, ne devait se faire qu'au moment du siége ; il propose, pour *boucler* (bloquer) une place, une ligne de contrevallation formée de forts distants de 300 pas et reliés entre eux par des parapets de terre avec fossés ; il recommande, pour prolonger la défense, l'emploi des sorties et de petits canons à boîte, se chargeant par la culasse, alors en usage dans la marine, et nommés *pierriers.*

L'auteur finit ainsi le livre Iᵉʳ et le chapitre IV et dernier de son second volume :

« Si, en terminant ce livre, nous jetons un coup d'œil en arrière pour avoir une vue d'ensemble qui nous permette de juger de l'influence déjà exercée par les armes à feu sur la guerre de siége, nous reconnaîtrons que l'invention et les progrès de l'artillerie ont amené, par des transformations successives, une révolution complète dans la fortification, dans

l'attaque et dans la défense des places. Il n'y a plus
rien de commun, si ce n'est le but, entre les procédés employés à l'époque où nous sommes arrivés, et
ceux que nous avons décrits au commencement de
ce livre. Il est à remarquer que si la fortification est
devenue de plus en plus coûteuse , elle est pourtant
parvenue jusqu'ici à mettre la défense en état de lut-
ter sans infériorité contre l'attaque. A la fin du règne
de Louis XIII, la prise d'une place fortifiée par tous
les moyens en usage n'était rien moins qu'assurée,
tant que la garnison conservait des munitions et des
vivres. Il y avait donc alors à peu près équilibre entre
l'attaque et la défense ; il n'en sera plus ainsi dans
la période qui va suivre , où nous verrons l'art de
l'attaque acquérir sur la défense une supériorité qu'il
a conservée jusqu'à nos jours. C'est à la France que
reviendra l'honneur de ces nouveaux progrès. »

Ce second volume est le digne frère du premier ;
il continue avec netteté, avec érudition, avec intelligence, l'histoire du passé de l'artillerie : il suit les
progrès de cette arme concurremment avec ceux de
la fortification, et cela doit être, l'art de tirer et l'art
de fortifier dépendant l'un de l'autre, puisque le genre
de défense se base évidemment sur le mode d'attaque. Ce sujet offre un grand intérêt par lui-même,
il en offre plus encore par la manière neuve et complète dont il est traité. On gagnera à le lire, et je
prédis à l'officier qui le prendra en main qu'il ne le
quittera plus sans l'avoir achevé. N'oublions pas d'ail-

leurs que l'étude des progrès successifs de la fortification présente une utilité réelle, en ce sens qu'en voyant naître en quelque sorte chacun des ouvrages du front, qu'en voyant son tracé se modifier suivant les améliorations des procédés d'attaque, on comprend mieux son but, le rôle qu'il doit jouer, l'influence qu'il exerce ; or quand on connaît à fond la destination de chaque pièce, on est apte à préparer une défense ou à diriger une attaque, opérations dont les officiers de toutes les armes peuvent se trouver chargés.

IV.

Conclusion.

Telle est l'analyse au moyen de laquelle on peut
faire connaître un ouvrage de cette importance four-
millant de faits et de détails ; cette analyse terminée,
prenons des conclusions.

Le lecteur a pu remarquer, en parcourant les pages précédentes, avec quelle patience l'auteur va
rechercher dans les livres publiés, et surtout dans les
manuscrits des diverses époques, les plus minimes
passages propres à éclairer l'histoire de l'artillerie
et de la fortification, avec quelle habileté il les met
en œuvre et en relief, avec quelle clarté il critique

les erreurs, expose les améliorations, signale la marche de l'art militaire. A le voir ainsi se frayer une voie sûre et aisée au travers d'un sujet ardu et aride, on devine que le cadre de l'œuvre, depuis longtemps éclos dans sa pensée, s'est rempli au fur et à mesure de l'avancement de ses recherches, que les matériaux rassemblés de longue date abondent sous sa plume, qu'il sait les choisir avec discernement, de manière à démontrer son opinion sans accumuler des preuves mal coordonnées.

Avant tout, les *Études sur le passé et l'avenir de l'artillerie* sont un ouvrage militaire par le fond et par la forme; on y reconnaît la main d'un auteur façonné à traiter des choses de la guerre, principalement des détails relatifs à l'artillerie, sa science de prédilection. Ces études se trouvent en même temps au courant des progrès de la science historique, ce qu'on ne pourrait pas dire de toutes les publications militaires modernes; le style en est simple et clair, tel qu'il convient à cette sorte de sujet, quelquefois semé d'expressions heureuses et imagées qui lui donnent de l'attrait et en rendent la lecture agréable, même aux personnes étrangères au métier.

Par le plan général de l'ouvrage indiqué dans notre avant-propos, on voit que l'œuvre du Président de la République forme un travail de longue haleine, d'une utilité incontestable pour les progrès de l'artillerie et d'un intérêt majeur pour les officiers de cette arme.

Le tome II, publié en 1851, traite de la guerre de siége, et, quoiqu'il soit surtout rédigé au point de vue de l'artillerie, il contient maints détails et maintes considérations qui en rendent la lecture indispensable aux officiers du génie.

Le tome Ier, par ses savantes descriptions des batailles des XIVe, XVe et XVIe siècles, doit attirer l'attention des officiers de toutes les armes.

Les tomes I et II ne sont terminés ni l'un ni l'autre, en ce sens qu'ils s'arrêtent à la fin du règne de Louis XIII ; mais tels qu'ils sont, ils se complètent, en donnant parallèlement l'histoire de la guerre de campagne et de la guerre de siége jusqu'à Louis XIV.

Les fins de ces volumes paraîtront ensemble.

A l'imitation de Gibbon dans sa colossale *Histoire de la Décadence de l'empire romain*, le Président, voulant que chacun pût interpréter les passages sur lesquels il s'appuie, a accompagné son texte de notes nombreuses et instructives dont nous recommandons la lecture. Elles renferment implicitement la bibliographie des livres et manuscrits qu'il a consultés pour composer son ouvrage, livres et manuscrits dont la liste chronologique terminera le cinquième volume. On ne saurait trop applaudir à cette mesure, que commencent à adopter les auteurs, de placer à la fin de leurs œuvres la bibliographie des livres qu'ils ont compulsés. C'est le seul moyen de remédier à l'absence de catalogues raisonnés, par ordre de matières et de dates, de tous les écrits existants sur chacune des branches du savoir humain.

« A l'aide de ces catalogues, dit le Prince dans l'avant-propos de son premier volume, ceux qui désireraient écrire l'histoire d'un art ou d'une science, ou faire un voyage lointain, trouveraient facilement les sources authentiques où il faudrait aller puiser leurs renseignements. Aujourd'hui, au contraire, l'homme studieux qui veut s'instruire ressemble à un voyageur qui pénètre dans un pays dont il n'a pas la carte topographique, et qui est obligé de demander son chemin à tous ceux qu'il rencontre sur sa route. »

J'adresserai un reproche aux *Etudes sur le passé et l'avenir de l'artillerie :* les citations dans le texte y sont trop nombreuses et trop longues. L'auteur, je le sais, a expliqué pourquoi il en est ainsi dans l'avant-propos de son premier volume. Ne prétendant pas être cru sur parole, il cite toutes ses sources et donne leur texte pour que le lecteur l'interprète à sa guise. En principe, c'est une excellente méthode, dont les archéologues font souvent usage; mais cette méthode convient peu au lecteur français. Poussée à l'exagération, comme c'est ici le cas, elle fatigue et détourne l'attention; érigée en système, elle fourvoie l'auteur, et bientôt, tant l'habitude a d'empire sur nous, il n'en aperçoit plus la portée. Au surplus, ces citations, dont les plus longues auraient pu être rejetées aux pièces justificatives, choquent moins dans un ouvrage de grandes dimensions comme les *Etudes sur l'artillerie*, que dans un mince in-octavo.

De belles planches, dessinées avec une remarquable netteté par M. le docteur *Conneau* et habilement gravées par M. Lemaître, accompagnent le texte et en font mieux comprendre les indications : elles reproduisent des dessins de machines de guerre, de bouches à feu, d'affûts, d'attelages, des plans de places fortes, d'attaques de villes, dessins et plans choisis avec intelligence, rétablis avec art, et intéressants au double point de vue de la science et de la curiosité. Nous citerons surtout la planche VI du second volume, copiée sur une gravure anglaise appartenant à lord Montagu, et représentant le siége de Boulogne par Henri VIII, en 1544.

Au résumé, on peut considérer les *Études sur le passé et l'avenir de l'artillerie* comme une œuvre de haute portée, destinée à devenir classique, à répandre le goût des études militaires, à grandir quand son achèvement permettra d'en juger l'ensemble. Cette œuvre est le fruit de nobles loisirs. Il n'est certes pas indifférent aujourd'hui de voir le chef de l'État donner le salutaire exemple de la persévérance à employer utilement les moments inoccupés que laisse toute fonction si élevée qu'elle soit, et dire en quelque sorte à ses concitoyens : « L'amour de l'étude sert de guide dans la prospérité, comme il console dans la mauvaise fortune. » Les bons exemples gagnent à descendre de haut.

Je termine en répétant ce que j'écrivais en février 1847 dans le *Journal des Armes spéciales*, à propos du premier volume : Le prince Louis-Napoléon Bonaparte rendra un double service à l'armée en terminant promptement son ouvrage.

Paris. — Imp. de H. Vrayet de Surcy et Cᵉ, r de Sèvres, 37.

PARIS. — IMP V. DE SURCY ET Cᵉ, RUE-DE SÈVRES, 37.

www.ingramcontent.com/pod-product-compliance
Ingram Content Group UK Ltd.
Pitfield, Milton Keynes, MK11 3LW, UK
UKHW020026100726
13658UKWH00003B/1143